720°DGREE

720°DGREE

Infused Water

GESUNDES AROMA-WASSER SELBST GEMACHT: NACHHALTIG UND SAISONAL

EIN BUCH DER
EDITION MICHAEL FISCHER

Freude am Trinken mit Infused Water

Wasser trinken ist so essenziell, wie die Luft zum Atmen und trotzdem vergessen wir es im Alltag viel zu oft.

Im Durchschnitt würde ein Erwachsener mindestens 2,5l davon am Tag benötigen. Die wenigsten schaffen es aber tatsächlich ihren täglichen Bedarf an Wasser zu decken.

Oft ist unser Alltag so turbulent, dass wir schlichtweg nicht daran denken, genügend zu trinken. Die Folgen sind meist Kopfschmerzen und Müdigkeit. Dabei gibt es viele Möglichkeiten Wasser zu genießen. Wer sich morgens ein wenig Zeit nimmt, kann sein Wasser dank dieses Buches bestens für den Tag vorbereiten und sein Infused Water unterwegs von überall genießen. So wird das Ziel ausreichend Flüssigkeit zu dir zu nehmen, spielend leicht erreicht.

Adé überteuerte, ungesunde und in PET-Einwegflaschen verpackte Getränke. Hallo selbstgemachtes Infused Water. Ob mit Obst, Gemüse oder frischen Kräutern – die Infused Water Kreationen in diesem Buch bieten reichlich Abwechslung im Geschmack und sorgen dank ihrer natürlichen Inhaltsstoffen für mehr Vitalität im Alltag.

Viele erfrischende & leckere Momente wünschen euch

Christian & Arthur

720°DGREE

Inhalt

INFUSED WATER TO GO

Es gibt spezielle siebartige Flascheneinsätze, die du mit Früchten, Kräutern und Gemüse befüllen kannst. Der Vorteil: Dein Infused Water wird unterwegs stets aromatisch bleiben, ohne dass du kleinere Früchte oder Kräuter versehentlich mittrinkst. Außerdem erleichtert dir so ein Einsatz im Nachhinein die Reinigung der Flasche. Größere Lebensmittel, wie z.B. Zitronenscheiben kannst du natürlich auch einfach ohne Einsatz in deine Flasche geben.

Wusstest du ...

- ..., dass in Deutschland pro Stunde 2 Millionen Einweg-Plastikflaschen verbraucht werden? Das entspricht einer täglichen Menge von rund 48 Millionen Stück, allein in Deutschland wohlgemerkt.
- ..., dass all dieses Einwegplastik, das in den Meeren treibt, durch Wellenbewegung und UV-Licht auf Dauer zerkleinert und pulverisiert wird, anschließend von Fischen gegessen wird und so wieder in unsere Lebensmittel gelangt?
- ..., dass der CO_2-Verbrauch von Einwegflaschen (Glas oder PET) zwischen 60 g und 90 g für 500 ml liegt?
- ..., und dass man ca. 20 Mal auf eine 500 ml PET-Flasche verzichten müsste, um stattdessen mit der Nutzung einer 500 ml wiederverwendbaren Trinkflasche eine CO_2-Neutralität zu erhalten?

All das spricht dafür, dauerhaft auf wiederverwendbare und vor allem BPA-freie Trinkflaschen zurückzugreifen. Denn die sind langfristig gesehen viel nachhaltiger. Damit tust du dir selbst und vor allem deiner Umwelt etwas Gutes.

Eine Übersicht über den CO_2-Verbrauch (in Gramm) bei der **Produktion von einem kg** folgender Produkte:

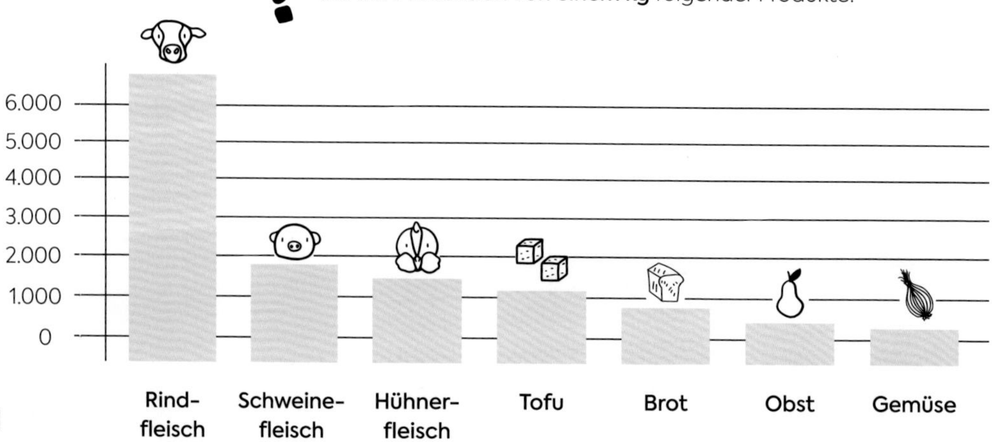

Apropos Nachhaltigkeit

Zweifelsohne ist Leitungswasser in Deutschland das bestkontrollierte Lebensmittel überhaupt und somit können wir dieses ohne Bedenken trinken. Wer in seine Trinkgewohnheiten jedoch etwas Abwechslung bringen möchte, kann sein Wasser mit den verschiedensten Obst- und Gemüsesorten ordentlich aufpeppen.

Ein paar Tipps, wie du selbst in diesem Zusammenhang zu mehr Nachhaltigkeit im Alltag beitragen kannst:

- Konsumiere möglichst nur saisonales und (noch besser) regionales Obst und Gemüse. So kannst du sichergehen, dass deine Lebensmittel keine unnötig langen Transportwege zurücklegen müssen. Einen Saisonkalender findest du auf Seite 8.
- Diverse Kräuter und Gewürzpflanzen, wie z. B. Rosmarin, Thymian oder Basilikum, kannst du ganz einfach auf deinem Balkon oder Fensterbrett in einem kleinen Blumenkasten ziehen.
- Versuche, Fleischkonsum zu reduzieren und möglichst nur auf regionale Bio-Produkte zurückzugreifen, die nicht in Massentierhaltung produziert wurden.

MACHT ES SINN WASSER PER LKW 300KM WEIT ZU TRANSPORTIEREN, WENN WIR WASSER AUS UNSERER LEITUNG HABEN?

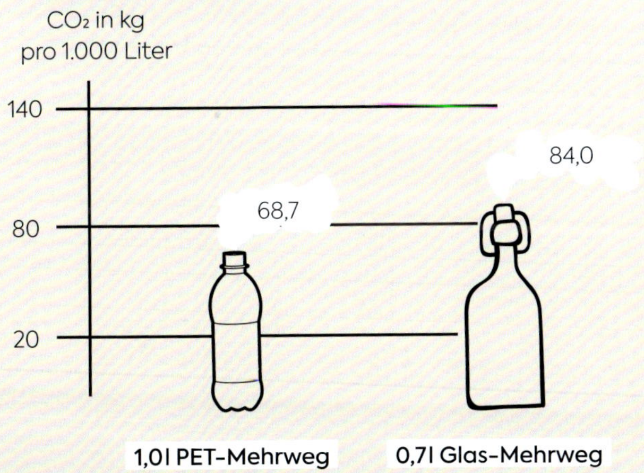

Saisonkalender

JANUAR
- Apfel
- Rote Bete
- Feldsalat
- Rosenkohl
- Rotkohl

FEBRUAR
- Apfel
- Rote Bete
- Feldsalat
- Rosenkohl
- Rotkohl

MÄRZ
- Apfel
- Rote Bete
- Feldsalat
- Spinat
- Rotkohl

APRIL
- Apfel
- Spargel
- Spinat
- Lauch
- Tomate
- Blumenkohl
- Rhabarber

MAI
- Tomate
- Erdbeere
- Spargel
- Erbsen
- Lauch
- Blumenkohl
- Spinat
- Rhabarber

JUNI
- Paprika
- Gurke
- Erdbeere
- Brokkoli
- Rhabarber
- Johannisbeere

JULI
- Himbeere
- Erdbeere
- Karotte
- Kirsche
- Aprikose
- Brombeere
- Zucchini
- Fenchel
- Blaubeere
- Pflaume

AUGUST

- Himbeere
- Birne
- Fenchel
- Mais
- Zucchini
- Karotte
- Apfel
- Kirsche
- Brombeere
- Aubergine
- Aprikose
- Blaubeere

SEPTEMBER

- Brombeere
- Apfel
- Birne
- Brokkoli
- Blumenkohl
- Weintrauben
- Kürbis
- Paprika
- Gurke
- Pfirsich
- Erbsen
- Fenchel
- Aubergine
- Rote Bete

OKTOBER

- Zucchini
- Birne
- Weintrauben
- Karotte
- Brokkoli
- Feldsalat
- Blumenkohl
- Fenchel
- Mais
- Tomate
- Apfel

NOVEMBER

- Weintrauben
- Quitte
- Apfel
- Fenchel
- Birne
- Blumenkohl
- Grünkohl

DEZEMBER

- Weintrauben
- Grünkohl
- Apfel
- Fenchel
- Lauch
- Birne
- Blumenkohl

Grünes Brennnesselwasser

4 Gläser/
Ca. 1-Liter-Flasche

10 Min.
+ 2 Std. Ziehzeit

Sie brennen nicht – die zarten Spitzen! Ein, zwei Blattspitzen werden von jeder Pflanze gepflückt und geben diesem Vitaminwasser eine Extraportion Vitalkraft.

ZUTATEN

- 1 großer Apfel
- 1 kleine Handvoll junge Brennnesselspitzen
- 3 Spalten einer ½ Bio-Zitrone
- 1 l Wasser

ZUBEREITUNG

Den Apfel waschen, vierteln, Kerngehäuse entfernen und jedes Viertel nochmals in 4 Stücke teilen. Brennnesseln verlesen und waschen. Mit einem Trinkglasboden auf einer glatten Unterlage (Schneidbrett o.Ä.) andrücken, sodass sich die Zellen öffnen.

Das Wasser in eine Glaskaraffe oder direkt in eine 1-Liter-Flasche für unterwegs gießen und alle Aromenzutaten hineingeben. Mindestens 2 Stunden im Kühlschrank ziehen lassen. Anschließend gekühlt genießen.

WIRKUNG

Was die Wenigsten wissen: Brennnessel enthält mehr Vitamin C als Zitrusfrüchte und ist darüber hinaus reich an Eisen, Kalium und Magnesium sowie sekundären Pflanzenstoffen wie den Flavonoiden. Diese sorgen zusammen mit dem Kalium für die entwässernde Wirkung.

Tipp

Für diesen Tee kannst du beispielsweise zu den folgenden Detox-Kräutern greifen: Gartenkräuter wie Koriander, Kerbel oder Minze oder Wildkräuter wie Brennnessel, Löwenzahn, junge, zartgrüne Birkenblätter oder Giersch.

Kräuter-Detox-Tee

4 Gläser/
Ca. 1-Liter-Flasche

15 Min.

Tee tut einfach gut! Egal, ob als Eistee oder warm an einem kalten Frühlingstag ohne Sonne. Diese Detox-Kräuter zaubern wahre Wunder-Inhaltsstoffe ins Glas!

ZUTATEN

- 1 l Wasser
- insgesamt 1 Bund Frühlingskräuter, nach Belieben (siehe Tipp)

ZUBEREITUNG

Das Wasser zum Kochen bringen. Die Kräuter in der Zwischenzeit verlesen, waschen und in eine Teekanne geben.

Mit dem kochenden Wasser übergießen und ca. 8–10 Minuten ziehen lassen. Du kannst den Tee nun warm oder kalt genießen. Alternativ kannst du das Wasser direkt in eine 1-Liter-Flasche für unterwegs geben und mitnehmen.

Rosmarin-Grapefruit-Wasser

4 Gläser/
Ca. 1-Liter-Flasche

10 Min.
+ 1-2 Std. Ziehzeit

Belebender Rosmarin, entzündungshemmender Ingwer und die saure Süße der Grapefruit ergeben zusammen eine vielfältig wirkende Kreation.

ZUTATEN

- 1 Grapefruit
- 1 Stück Ingwer
- 4 Zweige Rosmarin
- 1l Mineralwasser, still oder mit Kohlensäure

ZUBEREITUNG

Die Grapefruit waschen, halbieren und in dünne Scheiben schneiden. Den Ingwer ebenfalls waschen und in Scheiben schneiden.

Zusammen mit gewaschenem Rosmarin in eine Glaskaraffe geben und mit Wasser auffüllen. 1–2 Stunden im Kühlschrank ziehen lassen.

WIRKUNG

Rosmarin wirkt hervorragend gegen Erschöpfungszustände und Verdauungsbeschwerden. Diese Wassermischung eignet sich daher auch gut als Digestif nach großen Mahlzeiten.

WIRKUNG

Die im grünen Tee enthaltenen Antioxidantien binden freie Radikale. Zudem wirkt grüner Tee entzündungshemmend und kann den Blutdruck senken.

Pfirsich-Grüntee-Wasser

4 Gläser/
Ca. 1-Liter-Flasche

10 Min.
+ 1 Std. Ziehzeit

Grüner Tee ist bekannt dafür, äußerst gesund zu sein. Einer japanischen Studie zufolge soll er sogar lebensverlängernd wirken. Ihn daher mit etwas Pfirsich aufzupeppen, kann bestimmt nicht schaden.

ZUTATEN

- 1 Stängel Zitronengras
- 1 reifer Pfirsich
- 2–3 Teebeutel grüner Tee
- 1 l Wasser
- optional: Eiswürfel

ZUBEREITUNG

Die äußeren Blätter vom Zitronengras entfernen und den Stängel anschließend vierteln. Pfirsich waschen, entkernen und achteln.

Teebeutel in eine Glaskaraffe geben und mit 1 l heißem Wasser aufgießen. Zitronengras hinzugeben und Tee nach Packungsanleitung ziehen lassen. Anschließend auskühlen lassen.

Pfirsichstücke in den Tee geben und im Kühlschrank 1 Stunde kalt stellen. Nach Belieben mit Eiswürfeln genießen.

Erdbeer-Wasser

4 Gläser/
Ca. 1-Liter-Flasche

10 Min.
+ 2 Std. Ziehzeit

Der intensive Geschmack der Erdbeeren harmoniert in diesem Aromawasser wunderbar mit den Anisnoten des Fenchels. Abgerundet wird alles mit einer Vanilleschote. Eine leckere, sommerliche Erfrischung.

ZUTATEN

- 100 g Erdbeeren
- 50 g Fenchel
- ½ Bio-Limette
- 1 Vanilleschote
- 1 l Wasser, still oder sprudelnd

ZUBEREITUNG

Die Erdbeeren und den Fenchel gründlich waschen. Die Erdbeeren vom Strunk befreien und in feine Scheiben schneiden. Den Fenchel am besten fein hobeln. Die Limette heiß abwaschen und ebenfalls in feine Scheiben schneiden, die Vanilleschote längs halbieren.

Alles zusammen mit dem Wasser aufgießen und mindestens 2 Stunden im Kühlschrank ziehen lassen, am besten aber über Nacht, und auf Eis servieren.

WIRKUNG

Fenchel ist dafür bekannt besonders magenschonend zu sein. Die Knolle ist reich an Folsäure, Magnesium, Eisen und Kalium.

WIRKUNG

Basilikum wirkt magenstärkend, antibakteriell und verdauungsfördernd, Minze ist entzündungshemmend, schmeckt einfach erfrischend, sollte aber nicht übermäßig oft verzehrt werden. Löwenzahn dagegen stärkt die Abwehrkräfte und wirkt blutbildend. Zitronenmelisse wirkt beruhigend, und Giersch ist das optimale Detox-Kraut, denn er wirkt entwässernd und entzündungshemmend.

Rotes Kräuter-wasser

4 Gläser/
Ca. 1-Liter-Flasche

10 Min.
+ 2 Std. Ziehzeit

Was wäre der Frühling ohne seine frischen Kräuter? Kombiniert mit der Beere Nummer eins des Frühlings, bekommst du ein würziges Vitaminwasser aufgetischt!

ZUTATEN

- 150 g Erdbeeren
- 1 Handvoll gemischte Frühlings- und/oder Wildkräuter (z. B. Basilikum, Minze, Löwenzahn, Melisse, Giersch)
- 1 l Wasser
- 1 EL rote Pfefferbeeren

ZUBEREITUNG

Die Erdbeeren waschen, putzen und grob klein schneiden bzw. halbieren oder vierteln. Die Kräuter verlesen, waschen und trocken schütteln.

Die Kräuter mit einem Trinkglasboden auf einer glatten Unterlage (Schneidbrett o. Ä.) andrücken, sodass sich die Zellen öffnen.

Das Wasser in eine Glaskaraffe gießen und alle Aromenzutaten hineingeben. Mindestens 2 Stunden im Kühlschrank ziehen lassen. Anschließend gekühlt genießen.

Grünes Kräuter-Kiwi-Wasser

4 Gläser/
Ca. 1-Liter-Flasche

10 Min.
+ 1 Std. Ziehzeit

Sauer macht lustig! Deshalb können wir von diesem wohltuenden Mix gar nicht genug bekommen.

ZUTATEN

- o 1 Kiwi
- o 1 Bio-Limette
- o 3 Zweige Thai-Basilikum
- o 1l Mineralwasser

ZUBEREITUNG

Kiwi schälen und in Scheiben schneiden. Limette heiß waschen und anschließend in dünne Scheiben schneiden.

Thai-Basilikum waschen und Blätter abzupfen. Blätter mit einem Messerrücken leicht anritzen, sodass die ätherischen Öle austreten können.

Kiwi-und Limettenscheiben in eine Glaskaraffe geben. Thai-Basilikum hinzugeben und mit Mineralwasser auffüllen. Im Kühlschrank mindestens 1 Stunde kalt stellen.

WIRKUNG

Die Kombination von Kiwi und Limette wirkt durch ihren hohen Gehalt an Vitamin C besonders stressabbauend.

WIRKUNG

Das in der Ananas enthaltene Kalium wirkt harntreibend und entwässert den Körper.

Piña-Colada-Wasser

4 Gläser/
Ca. 1-Liter-Flasche

10 Min.
+ 2 Std. Ziehzeit

Ananas, Limette, Kokoswasser: Darf es etwas Club-Tropicana-Stimmung sein, inklusive Detox-Kur?

ZUTATEN

- o 100 g Ananas
- o 1 Bio-Limette
- o 2 Stängel Minze
- o 200 ml Kokoswasser
- o 850 ml Mineralwasser

ZUBEREITUNG

Ananas schälen und in mundgerechte Stücke schneiden. Limette heiß waschen und in dünne Scheiben schneiden. Minze verlesen und waschen.

Minze mit einem Trinkglasboden auf einer glatten Unterlage (Schneidbrett o. Ä.) leicht andrücken, damit die ätherischen Öle entweichen können. Kokoswasser und Mineralwasser in eine große Glaskaraffe gießen.

Ananas, Limettenscheiben und Minze hinzugeben. Im Kühlschrank mindestens 2 Stunden ziehen lassen. Anschließend gekühlt genießen.

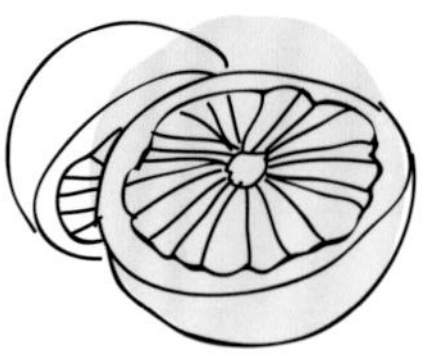

Grapefruit-Fenchel-Wasser

4 Gläser/
Ca. 1-Liter-Flasche

10 Min.
+ 1 Std. Ziehzeit

Hier kommt ein wahres Schönheits-Wohlfühl-Elixier für den täglichen Genuss.

ZUTATEN

- 1 Bio-Grapefruit
- 1 kleine Fenchelknolle
- 1 l Mineralwasser

ZUBEREITUNG

Grapefruit waschen, halbieren und in dünne Scheiben schneiden. Fenchelknolle ebenfalls waschen und in Stücke schneiden.

Grapefruit und Fenchel in eine Glaskaraffe geben und mit Mineralwasser aufgießen. Im Kühlschrank mindestens 1 Stunde kalt stellen.

Tipp

Statt frischem Fenchel kann auch 1EL Fenchelsaat verwendet werden.

WIRKUNG

Die Grapefruit gilt als Beautyfood schlechthin, da sie für ein schönes Hautbild und einen frischen Teint sorgt.

WIRKUNG

Der enthaltene Ingwer regt den Stoffwechsel und die Verdauung an.

Himbeer-Orangen-Spritz

4 Gläser/
Ca. 1-Liter-Flasche

15 Min.
+ 1 Std. Ziehzeit

Ein gesunder Aperitif? Immer her damit! Denn dieser alkoholfreie Drink weckt nicht nur das ultimative Sommer-Feeling, sondern ist dazu noch extrem gesund.

ZUTATEN

- 40g Bio-Ingwer
- 1l Wasser
- 1 Bio-Blutorange
- 125g Himbeeren
- optional: Eiswürfel

ZUBEREITUNG

Ingwer waschen und in dünne Scheiben schneiden. Wasser und Ingwer in einem Topf zum Kochen bringen. 2–3 Minuten aufkochen lassen und anschließend auskühlen lassen.

Blutorange waschen, vierteln und in dünne Scheiben schneiden. Himbeeren verlesen und waschen.

Blutorange, Himbeeren und Ingwerwasser in eine Glaskaraffe geben. Für mindestens 1 Stunde im Kühlschrank ziehen lassen. Im Sommer optional mit Eiswürfeln servieren.

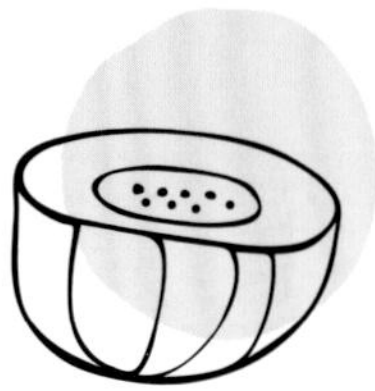

Gelbes Melba-Wasser

4 Gläser/
Ca. 1-Liter-Flasche

10 Min.
+ 2 Std. Ziehzeit

Melone schwimmt neben Basilikum in einer hübschen Karaffe – bei diesem zarten Traumduo läuft einem gleich das Wasser im Mund zusammen...

ZUTATEN

- o ¼ Melone nach Wahl (am besten Honigmelone)
- o 3 Stiele Basilikum
- o 1 l Wasser

ZUBEREITUNG

Die Melone schälen, die Kerne herauslöffeln und das Fruchtfleisch klein schneiden. Basilikum waschen, trocken schütteln, Blätter abzupfen und in grobe Streifen schneiden.

Das Wasser in eine Glaskaraffe gießen, Melone und Basilikum zugeben und das Wasser mindestens 2 Stunden im Kühlschrank ziehen lassen. Anschließend gekühlt genießen.

Tipp

Um diesem Detox-Wasser noch einen Extrakick zu verleihen, gib einfach noch 1 Prise Cayennepfeffer hinzu und lass ihn mitziehen.

Tipp

Zum schnellen Herunterkühlen das Spülbecken mit 2 kg Eis und kaltem Wasser füllen, den Topf mit dem Eistee hineinstellen und umrühren, bis er kalt ist.

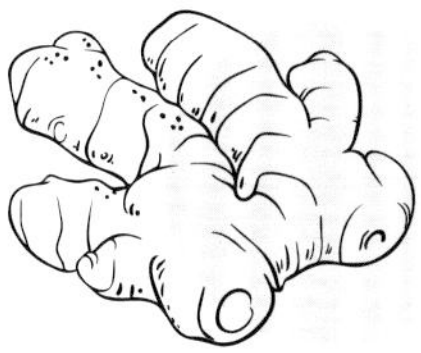

Ingwer-Eistee

4 Gläser/
Ca. 1-Liter-Flasche

10 Min.
+ 2 Std. Ziehzeit

Trotz oder gerade wegen der leichten Schärfe ist ein eiskalter Ingwer-Eistee genau richtig als Erfrischung. Ingwer ist das ganze Jahr verfügbar und hat neben entzündungshemmenden Eigenschaften auch eine cholesterinsenkende Wirkung – was will man mehr?

ZUTATEN

- 1l Wasser
- 60g Ingwer, geschält
- 2 Bio-Zitronen
- 2EL Agavendicksaft
- Eiswürfel

ZUBEREITUNG

Das Wasser zum Kochen bringen. Währenddessen den Ingwer schälen und in dünne Scheiben schneiden. 1 Zitrone auspressen, die andere waschen und für die Dekoration in Scheiben schneiden.

Den Zitronensaft zusammen mit dem Agavendicksaft und Ingwer zum Wasser geben. Den Eistee gut herunterkühlen.

Mit Eiswürfeln und Zitronenscheiben servieren.

Fresh Garden

4 Gläser/
Ca. 1-Liter-Flasche

10 Min.

Wenn die Zeit in der Küche mal wieder knapp ist und die Gäste schon warten, ist der Fresh Garden ein leichter und erfrischender Drink, der schnell zubereitet ist. Wie bei allen Limonaden gilt: Je nach Geschmack kann man mehr oder weniger süßen, aber eines sollte sie sein, nämlich eiskalt.

ZUTATEN

- 1 Bio-Gurke
- 2 Handvoll Basilikumblätter
- 2 Limetten
- 1,2 l Wasser, kalt
- 6 EL Agavendicksaft
- Eiswürfel

ZUBEREITUNG

Drei Viertel der Gurke schälen und zusammen mit dem Basilikum in den Mixer geben. Die Limetten auspressen und zusammen mit dem Wasser ebenfalls dazugeben. Die Masse gut durchmixen.

Durch ein feines Sieb passieren und mit Agavendicksaft abschmecken. Den Rest der Gurke in feine Streifen schneiden und zur Dekoration zu der Limonade geben. Mit Eiswürfeln servieren.

WIRKUNG

Zu den zahlreichen Mineralstoffen, die in Limetten enthalten sind, zählen unter anderem Kalium und Kalzium. Während Ersteres wichtig für die Funktion von Herz und Muskeln ist, wirkt sich Zweiteres auf gesunde und stabile Knochen aus.

WIRKUNG

Die in der Gurke enthaltenen B-Vitamine wirken sich positiv auf den Umgang mit Ängsten aus und sollen Stress reduzieren.

Wassermelonen-Gurken-Wasser

4 Gläser/
Ca. 1-Liter-Flasche

10 Min.
+ 2 Std. Ziehzeit

Wassermelonen und Gurken vereinen sich in dieser frischen Kreation zu einer Beauty-Spa-Behandlung zum Trinken.

ZUTATEN

- ¼ Wassermelone
- ¼ Bio-Gurke
- 4 Stiele Koriander
- 1l Mineralwasser

ZUBEREITUNG

Wassermelone schälen und klein würfeln. Gurke mit einem Sparschäler in dünne Streifen hobeln.

Koriander mit einem Trinkglasboden auf einer glatten Unterlage (Schneidbrett o. Ä.) leicht andrücken, damit die ätherischen Öle austreten können.

Wassermelone, Gurke und Koriander in eine Glaskaraffe geben und mit Mineralwasser auffüllen. Im Kühlschrank mindestens 2 Stunden kalt stellen.

Lila Spätsommer

4 Gläser/
Ca. 1-Liter-Flasche

10 Min.
+ 2 Std. Ziehzeit

Heidelbeeren genießen schon längst den Status eines Super-Foods! Höchste Zeit, dass sie auch einmal in flüssiger Form zur Geltung kommt.

ZUTATEN

o 125g Brombeeren
o 125g Heidelbeeren
o 3 Zweige Zitronenmelisse
o 1l Mineralwasser

ZUBEREITUNG

Brombeeren und Heidelbeeren waschen und anschließend halbieren. Zitronenmelisse waschen, Blättchen abzupfen und mit einem Trinkglasboden auf einer glatten Unterlage (Schneidbrett o. Ä.) leicht andrücken.

Durch das Andrücken werden die ätherischen Öle freigesetzt, und der Geschmack geht leichter ins Wasser über.

Brombeeren, Heidelbeeren und Zitronenmelisse in einen großen Glaskrug geben und mit Mineralwasser auffüllen. Wasser für mindestens 2 Stunden im Kühlschrank kalt stellen.

WIRKUNG

Anthocyane, sogenannte sekundäre Pflanzenstoffe, sind für die blauschwarze Farbe von Brombeeren und Heidelbeeren verantwortlich. Die sekundären Pflanzenstoffe wirken sich positiv auf die Zellgesundheit und das Immunsystem des menschlichen Körpers aus.

WIRKUNG

Kokoswasser gilt besonders bei Sportlern als beliebtes Getränk. Denn es ist reich an Kalium, Natrium, Kalzium und Magnesium.

Kokos-Ananas-Wasser

4 Gläser/
Ca. 1-Liter-Flasche

15 Min.
+ 2 Std. Ziehzeit

Dies ist die pikante Light-Version einer Piña Colada: alkoholfrei, klassisch mit Kokos und Ananas, verfeinert mit einem Hauch Chili. Beim Kauf einer frischen Kokosnuss sollte man darauf achten, dass sie beim Schütteln gluckert. Denn je frischer sie ist, desto mehr Kokoswasser verbirgt sich in ihrem Inneren.

ZUTATEN

- 100 g Ananas
- 10 g frischer Bio-Ingwer
- ½ scharfe Chilischote
- 50 g Kokosnussfleisch, in Spalten
- 250 ml Kokosnusswasser, ungezuckert
- 750 ml Mineralwasser, still oder sprudelnd
- Eiswürfel

ZUBEREITUNG

Die Ananas sowie den Ingwer waschen und in feine Scheiben schneiden. Die Chilischote längs halbieren und dann entkernen.

Alles zusammen mit dem Kokosnussfleisch vermengen und mit dem Kokosnusswasser sowie dem stillen oder sprudelnden Wasser aufgießen.

Mindestens 2 Stunden im Kühlschrank ziehen lassen, am besten aber über Nacht, und auf Eis servieren.

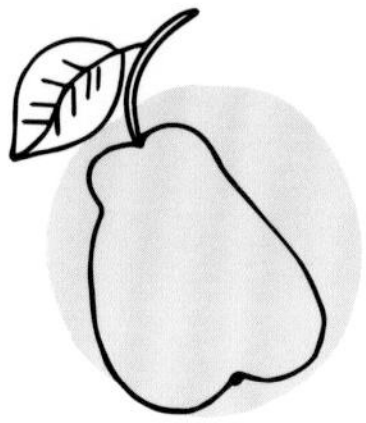

Schlankes Birnen-Minz-Wasser

4 Gläser/
Ca. 1-Liter-Flasche

10 Min.
+ 1 Std. Ziehzeit

Kurz und knapp gesagt: Der Name ist bei diesem Wasser Programm.

ZUTATEN

- o 1 Bio-Zitrone
- o 1 Birne
- o 4 Zweige Minze
- o 3 EL Apfelessig
- o 1 l Mineralwasser

ZUBEREITUNG

Zitrone waschen und in dünne Scheiben schneiden. Birne waschen, halbieren, entkernen und in Stücke schneiden.

Minze mit einem Messerrücken leicht andrücken, sodass die ätherischen Öle austreten können.

Zitronenscheiben, Birnenstücke, Minze und Apfelessig in einen Glaskrug geben. Mit Mineralwasser aufgießen und mindestens 1 Stunde im Kühlschrank kalt stellen.

WIRKUNG

Apfelessig kann eine positive Unterstützung beim Abnehmprozess sein, da er die Fettverbrennung fördert.

WIRKUNG

Birkenwasser wirkt entzündungshemmend und entgiftend. Es regt durch seine Bestandteile die Nieren- und Gallentätigkeit an.

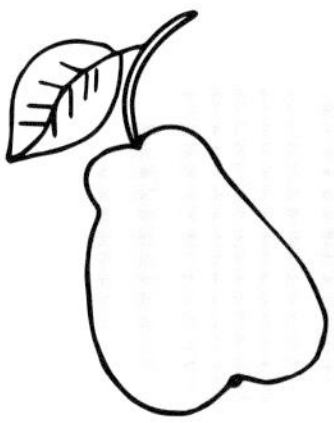

Birnen-Birken-Wasser

4 Gläser/
Ca. 1-Liter-Flasche

10 Min.
+ 2 Std. Ziehzeit

Im Frühjahr ziehen Birken Wasser aus dem Boden und pumpen es in Stämme und Äste. Um an diesen Saft zu gelangen, den wir als Birkenwasser oder Birkensaft kaufen können, werden die Stämme der Birke angebohrt. Der Saft enthält wertvolle Inhaltsstoffe und Mineralien. In diesem Aromawasser sorgt er in Kombination mit der Birne für eine schöne Frische und einen Hauch Süße.

ZUTATEN

- 150 g reife Birnen
- 5 g Minze
- 300 ml Birkensaft, ungezuckert
- 700 ml Mineralwasser, still oder sprudelnd
- Eiswürfel

ZUBEREITUNG

Die Birnen waschen und in feine Scheiben schneiden, die Minze unter fließendem Wasser abbrausen.

Alles zusammen mit dem Birkensaft sowie dem Wasser aufgießen und für mindestens 2 Stunden im Kühlschrank ziehen lassen, am besten aber über Nacht, und auf Eis servieren.

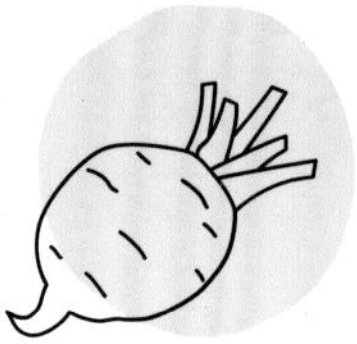

Rote-Bete-Himbeer-Chili-Wasser

4 Gläser/
Ca. 1-Liter-Flasche

10 Min.
+ 2 Std. Ziehzeit

Bei dieser Kreation trifft süß auf sauer und scharf. Ein wahrer Muntermacher, der dich schwungvoll in den Tag starten lässt.

ZUTATEN

- 1 kleine Rote Bete
- 125g Himbeeren
- 3 Zweige Minze
- ½ Chilischote
- 1l Mineralwasser

ZUBEREITUNG

Rote Bete waschen. Um starkes Abfärben der Roten Bete zu vermeiden, am besten mit Handschuhen schälen und vierteln. Himbeeren waschen.

Minze waschen und mit einem Trinkglasboden leicht andrücken, damit die ätherischen Öle besser austreten können. Rote Bete, Himbeeren, Minze und Chilischote in eine Glaskaraffe geben.

Mit Mineralwasser aufgießen und mindestens 2 Stunden im Kühlschrank kalt stellen.

WIRKUNG

Das in der Chilischote enthaltene Capsaicin regt den Stoffwechsel an und bringt die Verdauung auf Hochtouren.

WIRKUNG

Kumquats sind wahre Vitamin-C-Bomben – sie enthalten davon nämlich doppelt so viel wie Orangen. Darüber hinaus liefern sie u.a. reichlich B-Vitamine, Kalium, Magnesium und Eisen.

Orangegelbes Vitaminwasser

4 Gläser/
Ca. 1-Liter-Flasche

10 Min.
+ 2 Std. Ziehzeit

In der kalten Jahreszeit wählst du am besten passend zum saisonalen Angebot feine Winterfrüchte zum Aromatisieren und Vitaminisieren deines Wassers.

ZUTATEN

- o 1 Birne
- o 5 Bio-Kumquats
- o 1 kleines Stück Kurkuma oder Ingwer
- o 1l Wasser

ZUBEREITUNG

Die Birne waschen, vierteln, Kerngehäuse entfernen und in dünne Spalten schneiden. Die Kumquats und den Kurkuma bzw. Ingwer ebenfalls waschen und beides in dünne Scheiben schneiden.

Das Wasser in eine Glaskaraffe gießen und alle Aromenzutaten hineingeben. Mindestens 2 Stunden im Kühlschrank ziehen lassen. Anschließend gekühlt genießen.

Rotes Herbstwasser

4 Gläser/
Ca. 1-Liter-Flasche

10 Min.
+ 2 Std. Ziehzeit

Reife Weintrauben und Granatapfel verfeinern dieses Vitaminwasser mit ihren herbstlichen Aromen und machen es auch optisch zu einem Highlight.

ZUTATEN

- o 1 Handvoll Trauben (grün oder blau)
- o ½ Bio-Gurke
- o 3 EL Granatapfelkerne
- o 1 l Wasser

ZUBEREITUNG

Die Trauben waschen und halbieren. Die Gurke ebenfalls waschen und in Scheiben schneiden. Ein paar der Granatapfelkerne mit einem Trinkglasboden leicht andrücken, sodass sie aufplatzen. Aber Vorsicht: Dabei kann es spritzen, und der Saft färbt Arbeitsgeräte, Finger und Kleidung.

Das Wasser in eine Glaskaraffe gießen und alle Aromenzutaten hineingeben. Mindestens 2 Stunden im Kühlschrank ziehen lassen. Anschließend gekühlt genießen.

WIRKUNG

Der hohe Gehalt an Antioxidantien der Granatapfelkerne wirkt entzündungshemmend. Die enthaltene Punicinsäure ist eine mehrfach gesättigte Fettsäure, die durch ihre bioaktiven Stoffe die Körperzellen vor Schädigungen schützt.

WIRKUNG

Der Apfel gilt als Vitaminbombe und das zu Recht. Denn selbst das Kerngehäuse kann mitgegessen werden. Es enthält Jod, das sich positiv auf die Gesundheit auswirkt.

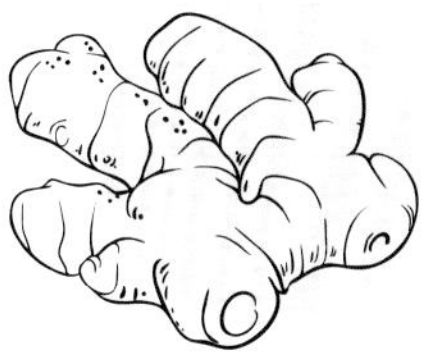

Zartgelbes Ingwerwasser

4 Gläser/
Ca. 1-Liter-Flasche

10 Min.
+ 2 Std. Ziehzeit

Frische Äpfel schmecken in der kalten Jahreszeit besonders knackig und saftig, daher eignen sie sich gut für dieses Apfelwasser. Minze und Ingwer verleihen dem Powergetränk noch ein zusätzliches Aroma.

ZUTATEN

- o 1 Apfel
- o 3 Zweige Minze
- o 1 Bio-Zitrone
- o 1 kleines Stück Ingwer
- o 1 l Wasser

ZUBEREITUNG

Den Apfel waschen, vierteln, Kerngehäuse entfernen und das Fruchtfleisch in schmale Spalten schneiden. Minze waschen und die Blättchen abzupfen. Mit einem Trinkglasboden auf einer glatten Unterlage (Schneidbrett o. Ä.) andrücken, sodass sich die Zellen öffnen.

Zitrone heiß waschen, abtrocknen und in Scheiben schneiden. Den Ingwer ebenfalls waschen und in dünne Scheiben schneiden.

Das Wasser in eine Karaffe gießen und alle Aromenzutaten hineingeben. Mindestens 2 Stunden im Kühlschrank ziehen lassen. Anschließend gekühlt genießen.

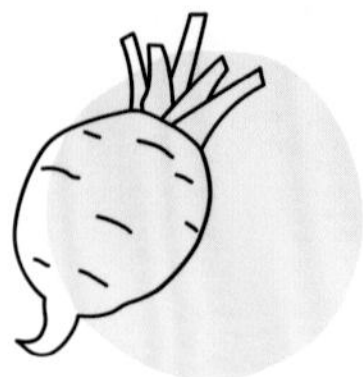

Rote-Bete-Wasser

4 Gläser/
Ca. 1-Liter-Flasche

10 Min.
+ 2 Std. Ziehzeit

Die Rote Bete ist eine wahre Vitaminbombe, vielseitig einsetzbar, und bringt durch das Betanin kräftig Farbe in den Alltag. Geschmacklich besticht sie mit einem intensiv süßlich-erdigen Aroma, das durch Zugabe von etwas Säure und Süße erst richtig in Fahrt kommt.

ZUTATEN

- 50–70 g Rote Bete
- 10 g frischer Bio-Ingwer
- 10 g Zitronenthymian
- ½ Bio-Limette
- 1 l Wasser, still oder sprudelnd
- Eiswürfel

ZUBEREITUNG

Die Rote Bete schälen und den Ingwer gründlich waschen. Beides in feine Scheiben schneiden. Den Zitronenthymian unter fließendem Wasser abbrausen, die Limette heiß abwaschen und ebenfalls in feine Scheiben schneiden.

Alle Aromenzutaten zusammen mit dem Wasser aufgießen und mindestens 2 Stunden im Kühlschrank ziehen lassen, am besten aber über Nacht, und auf Eis servieren.

WIRKUNG

Rote Bete enthält neben den Vitaminen A, C und B auch Betanin, das den Risikofaktor Homocystein für Herzkrankheiten senkt. Durch den Nitratgehalt wird zudem auch der Blutdruck gesenkt.

WIRKUNG

Aufgrund des im Zimt enthaltenen ätherischen Öls Eugenol hat das Gewürz eine desinfizierende Wirkung und hilft so auch, z.B. Erkältungssymptome zu lindern.

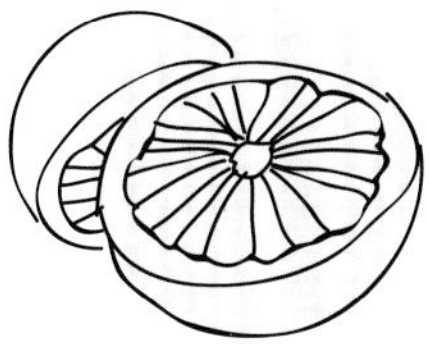

Rotes Zimtwasser

4 Gläser/
Ca. 1-Liter-Flasche

10 Min.
+ 2 Std. Ziehzeit

Orangen und auch Blutorangen sind die Stars unter den winterlichen Zitrusfrüchten – lass' sie mit dem Wintergewürz Nummer eins und der leicht bitteren Grapefruit schwimmen!

ZUTATEN

- o ½ Bio-Grapefruit
- o 1 Bio-Orange oder Bio-Blutorange
- o 1 Ceylon-Zimtstange
- o 1 l Wasser

ZUBEREITUNG

Die Grapefruit und Orange/Blutorange waschen und beides mit der Schale in Spalten oder Scheiben schneiden. (Wenn du die Aromenzutaten weiterverwenden möchtest, kannst du sie auch – oder zumindest teilweise – schälen.)

Das Wasser in eine Karaffe gießen und alle Aromenzutaten hineingeben. Mindestens 2 Stunden im Kühlschrank ziehen lassen. Anschließend gekühlt genießen.

Apple Cinnamon Pie

4 Gläser/
Ca. 1-Liter-Flasche

10 Min.
+ 2 Std. Ziehzeit

Ein amerikanischer Dessert-Klassiker aus dem Glas und beinahe ohne Kalorien? Was will man mehr?

ZUTATEN

- o 1 grüner Apfel
- o 1 Vanilleschote
- o 1 Ceylon-Zimtstange
- o 1l Mineralwasser

ZUBEREITUNG

Apfel waschen, halbieren, entkernen und in dünne Scheiben schneiden. Vanilleschote längs halbieren.

Apfelscheiben, Vanilleschote, Zimtstange in eine Glaskaraffe geben und mit Mineralwasser auffüllen. Mindestens 2 Stunden im Kühlschrank ziehen lassen.

WIRKUNG

Der im Apfel enthaltene Ballaststoff Pektin regt die Aktivität der Darmbakterien an. Dies wiederum hat einen positiven Effekt auf die Darmflora und auf die Stärkung des Immunsystems und der Verdauung.

Deine Drei-Liter-Wasser-Challenge

Dein Körper besteht zu etwa 60–70 % aus Wasser. Es befindet sich in Zellen, Blutplasma, Wirbelsäule, Augen, Bauch und Gelenken. In den Zellen hilft Wasser beim Sauerstofftransport, und in der Niere unterstützt es beim Abbau von Giftstoffen. Sorge also für ausreichend Zufuhr an Wasser und trink dich fit mit der 3-Liter-Challenge!

DIE CHALLENGE

Du trinkst 3 Liter Wasser am Tag und zwar für mindestens 30 Tage. Leitungswasser eignet sich am besten – wahlweise auch stilles Mineralwasser oder ungesüßte Kräutertees. Tipp: Beginne den Tag mit einem Glas Wasser oder ungesüßtem Tee. Drei Liter Wasser am Tag sind für die meisten Menschen eine Herausforderung. Wenn du morgens beginnst, kannst du es schaffen.

Dein Körper kann innerhalb von 15 Minuten nur 200 ml Flüssigkeit aufnehmen. Trinkst du größere Mengen in zu kurzer Zeit, ist der Toilettenbesuch vorprogrammiert. Versuche, die Wassermenge über den ganzen Tag zu verteilen. Deine optimale tägliche Trinkmenge orientiert sich nach deinem Gewicht beziehungsweise deiner körperlichen Tätigkeit: Mindestens 30–40 ml pro Kilo Körpergewicht solltest du am Tag trinken. Bei beispielsweise 70 Kilo sind dies also 2,1–2,8 Liter.

Trinke langsam und bewusst Schluck für Schluck.
Erstelle dir ggf. eine Menükarte mit Ersatz für morgens Kaffee/Ingwerwasser, mittags Nachspeise/Apple Cinnamon Pie-Wasser und abends Cocktail/Piña Colada-Wasser.

UNSER TIPP:

Ersetze deinen Kaffee durch den Pfirsich-Grüntee auf **Seite 16** und starte den Tag voller Energie.

DIE GUTE NACHRICHT

Wasser trinken hält gesund. Viele Menschen verwechseln Durst mit einem Hungergefühl. Wer vor einer Mahlzeit ein Glas Wasser trinkt, fühlt sich schneller gesättigt und isst automatisch weniger. Außerdem fanden Forscher heraus, dass Menschen, die ausreichend Wasser trinken, einen besseren Stoffwechsel haben und im Ruhezustand mehr Kalorien verbrennen.

Trinken steigert die Konzentration. Wasser aktiviert die Gehirnzellen und erleichtert es, die Aufmerksamkeit zu behalten. Sag deinem Mittagstief ade.

Wasser verbessert den Teint. Es polstert die Haut und lässt kleine Linien und Falten verschwinden. Die Flüssigkeit regt die Regeneration der Zellen an und verlangsamt die Hautalterung.

Besonders vor dem Sport ist trinken wichtig, weil durch die Bewegung Glückshormone ausgeschüttet werden. Wenn zu wenig getrunken wurde, macht ein ausgiebiges Workout schnell müde. Die Dehydration kann außerdem zu Verspannungen führen.

Dein Fortschritt

Hier kannst du deinen Fortschritt von einer Woche dokumentieren, indem du am entsprechenden Tag jeweils ankreuzt, wie viele Wassergläser (à ca. 200–250 ml) du getrunken hast:

MONTAG

DIENSTAG

MITTWOCH

DONNERSTAG

FREITAG

SAMSTAG

SONNTAG

Impressum

Covergestaltung, Layout und Satz: Celina Reiser
Rezepte: Sabrina Sue Daniels (S. 10, 18–22, 28, 32–36, 44, 46), Anton Enns (S. 24, 50, 52, 56, 58), Jonathan Häde (S. 26, 54), Dagmar Reichel (S. 12–16, 30, 38–42, 48)
Bildnachweis: Nadja Buchzcik (S. 50, 52, 56, 58), Sabrina Sue Daniels (S. 10–48), Jonathan Häde (S. 54)
Illustrationen Obst und Gemüse: © Alena Tselesh/Shutterstock (S. 8, 9), © cuttlefish84/Shutterstock (S. 4, 10, 33, 53), © Florent B/the Noun Projekt (S. 3, 8, 9), © Foxyliam/Shutterstock (S. 13, 64), © Minur/Shutterstock (S. 49), RedKoala/Shutterstock (S. 6), © Senpo/Shutterstock (S. 3, 8, 9), © sashkansk/Shutterstock (S. 3), alle weiteren: the Noun Project, Illustration Trinkflasche: Kaave GmbH

Lektorat und Redaktion: Franziska Pfister

Druck und Bindung: Polygraf Print, Čapajevova 44, 08001 Prešov, Slowakei

FSC
www.fsc.org
MIX
Papier aus verantwortungsvollen Quellen
FSC® C145070